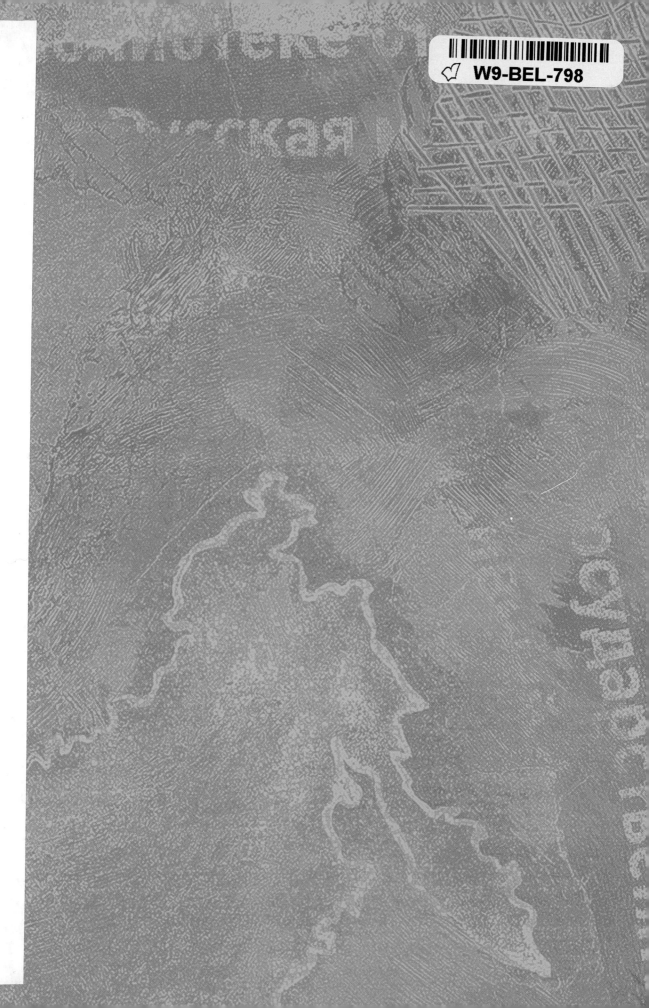

Directeurs de collection :

Laure Mistral
Philippe Godard

Dans la même collection :

Shubha, Jyoti et Bhagat vivent en Inde
Ikram, Amina et Fouad vivent en Algérie
Meihua, Shuilin et Dui vivent en Chine
Anna, Kevin et Nomzipo vivent en Afrique du Sud
Aoki, Hayo et Kenji vivent au Japon
João, Flávia et Marcos vivent au Brésil
Ahmed, Dewi et Wayan vivent en Indonésie
Rachel vit à Jerusalem et Nasser vit à Bethléem

Connectez-vous sur : www.lamartinierejeunesse.fr

Conception graphique : Elisabeth Ferté
Réalisation : Hasni Alamat

Enfants d'ailleurs

Sacha, Andreï et Turar
vivent en
Russie

Maïa Werth

Illustrations Sophie Duffet

РОССИЯ

De La Martinière Jeunesse

Voici la Russie !

Superficie : plus de 17 millions de km², soit environ trente fois la France ! La Fédération de Russie est le plus grand pays du monde par sa superficie. Il s'étend sur plus de 9 000 kilomètres d'est en ouest.

Population : 145 millions d'habitants en 2002. Celle-ci est composée de plus d'une centaine de peuples, dont 81,5 % de Russes, et des minorités comme les Tatars, les Ossètes, les Ostiaks, etc.

Densité de population : 8,5 habitants au km² en moyenne. Toutefois, 80 % de la population vit dans la partie européenne de la Russie. De grands espaces, notamment à l'est, sont totalement vides d'hommes.

Les principales villes : Moscou, la capitale : 11 millions d'habitants
Saint-Pétersbourg : 4,6 millions d'habitants
Villes de plus de 1 million d'habitants : Iekaterinbourg, Kazan, Nijni-Novgorod, Novossibirsk, Omsk, Oufa, Perm, Rostov, Samara, Saratov, Tcheliabinsk, Volgograd.

Langue et alphabet : le russe est une langue slave et qui parlée partout en Russie. Les minorités ethniques ont pour la plupart leur propre langue. Le russe ne s'écrit pas en alphabet latin, mais en alphabet cyrillique, créé au IXe siècle par saint Cyrille.

Climat : une partie du territoire russe est située au nord du cercle polaire arctique et subit donc un climat polaire. Toutefois, la plus grande partie du pays connaît un climat continental : très chaud en été, très froid en hiver. Les voies d'eau sont souvent gelées, les routes impraticables. Dans de nombreuses régions, l'agriculture est impossible car le sol est gelé en profondeur une grande partie de l'année.

Système politique : la Russie est l'autre nom donné à la Fédération de Russie, instaurée par la Constitution russe de 1993. C'était le nom du pays avant la révolution de 1917, à la suite de laquelle la Russie devint l'URSS (Union des Républiques Socialistes Soviétiques). Cette Fédération est constituée de 89 régions aux statuts variables (régions administratives, républiques, etc.), dont l'autonomie est plus ou moins grande.

La Fédération est une démocratie dans laquelle le président, élu au suffrage universel direct, a un pouvoir important.

Une histoire chaotique

En 988, le prince de Kiev Vladimir Ier se convertit au christianisme grec, qu'il répandit dans toute sa principauté, la Rus' (ancien nom de la Russie).

L'influence de l'Empire byzantin, le grand voisin au sud de la Rus', est alors très forte. Ainsi, le prince Vladimir épouse la sœur de l'empereur de Byzance, et le christianisme russe choisit les rites de l'Église de Byzance, dite par la suite « orthodoxe », et non ceux de l'Église de Rome.

Le prince russe ayant alors le pouvoir le plus grand est celui qui règne sur Kiev, la capitale. Le reste du territoire russe appartient à ses vassaux, c'est-à-dire des princes qui lui sont soumis et lui ont promis obéissance.

En 1240, Kiev est attaqué et pillé par un peuple venu d'Asie, les Mongols. La Russie entre dans une période de troubles : les villes et les campagnes sont dévastées. À cause de ce « joug mongol » durant le Moyen Âge et la Renaissance, la Russie reste isolée des autres pays européens. La reconquête du territoire russe est le fait des princes de Moscou de la fin du XIVe au XVIe siècle. Ils dominent les autres princes et deviennent souverains de Russie, sous le nom de « tsars ». Le pouvoir du tsar est immense : représentant de Dieu sur terre, le tsar est tout-puissant et a un droit de vie et de mort sur ses sujets.

Le règne du tsar Pierre Ier, dit le Grand, marque une grande rupture dans l'histoire de la Russie. Arrivé au pouvoir en 1689, il se lance dans des réformes très profondes de la société. Il désire en effet que son pays rattrape son retard économique, se modernise et copie l'Occident. Il crée une nouvelle capitale, Saint-Pétersbourg.

L'autre rupture essentielle de l'histoire russe se produit durant la Première Guerre mondiale (1914-1918). La société russe supporte très mal l'épreuve de la guerre : l'économie est désorganisée, les soldats souhaitent l'arrêt des combats et la bourgeoisie aspire à jouer un rôle politique alors que le tsar tente de garder son pouvoir tout-puissant. L'agitation politique devient incontrôlable ; des partis socialistes, qui souhaitent plus d'égalité sociale et l'amélioration des conditions de vie des ouvriers, se développent. Devant l'ampleur des manifestations de rue, le tsar est obligé d'abdiquer en février 1917. Puis, en novembre 1917, l'un des partis socialistes, le parti bolchevique, renverse par la violence le nouveau pouvoir mis en place de manière démocratique après février 1917. Après plusieurs années de guerre civile, les bolcheviks instaurent un régime socialiste.

Le premier dirigeant de la Russie socialiste est Lénine. Joseph Staline lui succède à partir de 1924 et dirige le pays jusqu'à sa mort, en 1953. La période stalinienne est marquée par une grande modernisation de l'économie russe, mais aussi par une répression terrible contre toute la société. Le régime s'adoucit quelque peu après la mort de Staline, mais reste une dictature. Les problèmes économiques, et notamment la pénurie de biens de consommation courante, entraînent une remise en cause de plus en plus grande du régime. En 1991, le système communiste s'effondre ; la démocratie est instaurée.

Depuis 1991, la Russie s'efforce de mener à bien des réformes profondes. La propriété privée, abolie par les bolcheviks, a réapparu ; l'économie russe se développe mais les inégalités sociales s'aggravent. L'un des objectifs actuels de la Russie est aussi de retrouver un rôle important dans les relations internationales.

ДУХ ВЕЛИКОГО ЛЕНИНА И ЕГО ПОБЕДОНОСНОЕ ЗНАМЯ ВДОХНОВЛЯЮТ НАС ТЕПЕРЬ НА ОТЕЧЕСТВЕННУЮ ВОЙНУ (И. Сталин)

Sacha, Andreï et Turar nous présentent leur pays

Afin de découvrir ce pays très riche en culture, en histoire et en ressources, partons rencontrer ces enfants.

Sacha est une petite fille de onze ans. Elle vit avec ses parents à Moscou, la capitale de la Fédération de Russie, qui compte onze millions d'habitants. Sa grand-mère l'emmène souvent se promener dans les vieux quartiers de Moscou.

Andreï a douze ans et habite à 350 kilomètres à l'est de Moscou. En hiver, son village n'est habité que par sa famille et deux très vieilles dames, et Andreï doit aller à l'école dans la petite ville la plus proche. Il connaît bien les secrets de la forêt qui entoure son village et apprend déjà auprès de son père à construire des maisons en bois.

Turar a onze ans et habite Kazan, la capitale de la république du Tatarstan. Il n'est pas russe, et appartient à la minorité tatare. Il parle russe, mais, contrairement à la plupart des habitants de Russie qui sont orthodoxes, il est musulman. Il a voyagé plusieurs fois en Sibérie, à l'est de la Russie.

Sacha, la Moscovite

Sacha a onze ans et habite avec ses parents à Moscou, la capitale de la Russie.

Comme la majorité des habitants de Moscou, les Moscovites, Sacha habite à la périphérie de la ville, à trois quarts d'heure de métro de la place Rouge, la grande place du centre-ville. Son vrai prénom est Alexandra, mais les Russes ont l'habitude d'utiliser des diminutifs. Celui de Sacha est très courant et peut être porté autant par un garçon que par une fille.

★ Moscou : une ville très étendue

Pendant la Seconde Guerre mondiale, la ville subit des bombardements et fut à moitié détruite ; après la guerre, Moscou dut faire face à une grave crise du logement.

Pendant longtemps, les grands-parents de Sacha ont habité dans un appartement communautaire. Comme il n'y avait pas assez de logements pour tout le monde, de nombreux appartements avaient été partagés entre plusieurs familles qui avaient droit à une pièce chacune. La cuisine et la salle de bains étaient communes.

De forts liens de solidarité pouvaient ainsi se créer entre les habitants d'un même appartement, mais cela donnait parfois lieu aussi à des tensions entre les locataires obligés de cohabiter sans l'avoir choisi.

Aussi, au début des années 1960, le gouvernement lança un grand programme de construction d'habitations afin de résoudre ce problème du logement. Les immeubles construits à l'époque prirent le nom du premier secrétaire (le chef) du parti communiste, Nikita Khrouchtchev ; on les appelle toujours les *khrouchtchevki*. Ce sont de petits immeubles de cinq étages maximum, tous faits à l'identique et qui offrent des appartements standard : une cuisine assez grande pour y manger, deux pièces, une salle de bains et des toilettes. Pour beaucoup de Russes habitués à vivre dans des appartements communautaires, ce fut une révolution : ils avaient enfin un appartement bien à eux ! Mais il y avait une contrepartie à cette amélioration de la vie quotidienne : les nouveaux logements se trouvaient souvent très loin du centre, comme « posés » au milieu de nulle part.

C'est dans un immeuble de ce type que vit Sacha, même si en principe ces constructions faites de matériaux bon marché étaient destinées à être remplacées par de nouveaux immeubles au bout de vingt ans. Autour de ces immeubles, de vrais quartiers se sont petit à petit constitués : il y a dorénavant quelques magasins, des petits kiosques où l'on trouve de tout (des savonnettes aux boîtes de nourriture pour chats), et puis la station de métro qui permet tout de même d'aller assez vite au centre de Moscou.

 Le métro moscovite

Sacha pense que le métro moscovite est le plus beau du monde !

Il est bien moins ancien que les métros de Paris ou de Londres puisqu'il n'a été construit que dans les années 1930. Staline, alors chef de l'État, voulait qu'il soit une véritable œuvre d'art.

Chaque station du centre de Moscou a un thème décoratif particulier : par exemple, la station du « Parc de la culture », où l'on descend pour aller faire du patin à glace dans le parc en hiver, est décorée de nombreux bas-reliefs qui représentent toutes les activités de loisirs (des joueurs de tennis, des musiciens, etc.). Les matériaux les plus chers ont été utilisés et il y a ainsi des stations entières recouvertes de marbre et de mosaïques. Les sculptures, souvent monumentales, sont également très nombreuses.

Sacha est toujours très impressionnée de prendre ces escalators qui n'en finissent pas de descendre : le métro a aussi été conçu comme un abri en cas de bombardement, il a donc une très grande profondeur. Staline avait pour idée de faire un métro qui impressionnerait tous les voyageurs et serait un « véritable paradis *sous* terre », pour reprendre un jeu de mots très connu des Moscovites.

La place Rouge et le Kremlin

Le week-end, la grand-mère de Sacha l'emmène se promener dans le centre-ville de la capitale russe.

Leur but de promenade favori, comme pour beaucoup de Moscovites, est la place Rouge, le centre historique de la vieille ville. Moscou s'est développé autour du Kremlin (du mot russe *kreml'* qui veut dire « forteresse »), construit en bois sur une colline dominant la rivière de la Moskova. Le site était très bien choisi car il était facilement défendable. À la forteresse de bois d'origine succéda bientôt une forteresse en briques. Ces murs de briques rouges entourent un espace étendu, et la place Rouge, qui borde l'un des murs du Kremlin, leur doit son nom.

Le Kremlin était le centre à la fois politique, militaire et religieux de la ville. Le grand-prince de Moscou y avait ses habitations, et c'est du

Kremlin que les tsars gouvernaient leur empire. Sacha a déjà visité le Kremlin : elle y a vu les anciens appartements du tsar datant du XVIᵉ siècle, ainsi que les églises qui s'y trouvent, dont la cathédrale de l'Assomption où les tsars se faisaient couronner. De nos jours, le Kremlin est le lieu où travaille et habite le président russe. C'est donc toujours un lieu de pouvoir.

La place Rouge, située au nord-est du Kremlin, est l'une des plus grandes places du monde. Il y a d'un côté les murs en briques du Kremlin et de l'autre un immeuble du XIXᵉ siècle, le GOUM : c'est un grand magasin où l'on trouve aujourd'hui de très nombreuses boutiques de luxe. Au XIXᵉ siècle, le quartier des marchands s'étendait tout autour de la place Rouge. Certains jours de la semaine, une longue queue de visiteurs serpente sur la place. Tous patientent pour entrer dans le mausolée de Lénine, une construction en marbre rouge adossée au mur du Kremlin. Sacha n'y est jamais entrée car elle a peur de faire des cauchemars, mais elle a souvent entendu parler de Vladimir Ilitch Lénine dans ses cours d'histoire.

★ *Le mausolée de Lénine*

Lénine est sans doute l'homme politique russe le plus connu.

Né en 1870, il fut très tôt attiré par l'action politique et très influencé par les idées socialistes d'un penseur allemand du XIXᵉ siècle, Karl Marx. Ce dernier considérait que l'histoire de l'humanité est une éternelle lutte entre les différentes classes sociales. Au XIXᵉ siècle, deux classes s'affrontaient : la bourgeoisie, qui possédait les richesses et les moyens de production comme les usines, et le prolétariat (les ouvriers et les paysans), qui

ne possédait que sa force de travail pour survivre. Le prolétariat, d'après Marx, était exploité par la bourgeoisie, mais allait finir par se révolter et fonder une société sans classes. Pour Lénine, qui reprenait les principales idées de Karl Marx, le prolétariat russe devait faire la révolution, prendre le pouvoir et instaurer une dictature qui déboucherait sur la création d'une société sans classes sociales, où tous les hommes seraient égaux et où les différences de niveaux de vie n'existeraient pas. Selon Lénine, la mise en place d'une dictature était nécessaire dans un premier temps car les Russes des classes aisées (les nobles, les propriétaires terriens, les patrons d'industrie) n'étaient pas prêts à partager volontairement les richesses selon les besoins de chacun. Il allait donc falloir le leur imposer.

À la tête du parti qu'il créa, le parti bolchevique, Lénine parvint à prendre le pouvoir en novembre 1917. Il appliqua alors un programme communiste, c'est-à-dire de mise en commun de l'ensemble des richesses de la nation. Il confisqua toutes les propriétés privées : l'État devint seul possesseur des usines, des capitaux et des terres, et les travailleurs durent travailler pour le bien commun et l'intérêt général.

Lénine ne resta pas très longtemps à la tête de la jeune Russie communiste, qui prit le nom en 1924 d'Union des républiques socialistes soviétiques (URSS). Surmené, il mourut des suites d'une attaque cérébrale en janvier 1924. Ses collaborateurs et son principal successeur, Staline, ne voulurent pas se contenter d'enterrer son corps. Ils le firent embaumer (selon le même principe que les momies des pharaons égyptiens) et l'exposèrent dans un mausolée construit à cet effet sur la place Rouge. Aujourd'hui encore, alors que le régime communiste n'existe plus, on peut voir le corps de Lénine dans son mausolée. Toutefois, de nombreuses voix s'élèvent pour réclamer que l'on ferme le monument et que l'on enterre Lénine. Celui-ci est en effet le symbole d'un régime politique qui, bien que fondé sur des idéaux nobles de partage et de solidarité entre les hommes, eut pour conséquence une répression terrible : des millions de personnes moururent parce qu'elles s'opposèrent au parti communiste et à ses décisions.

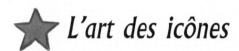

L'art des icônes

Lorsqu'elles ont un peu de temps après leur visite de la place Rouge, Sacha et sa grand-mère se rendent dans l'un des plus beaux musées de Moscou, la galerie Tretiakov.

Tous les grands tableaux de la peinture russe du Moyen Âge jusqu'à la fin du XIXe siècle y sont exposés. Toutefois, le musée est bien trop grand pour être parcouru en une seule fois ; c'est pourquoi elles y reviennent souvent. Sacha aime par-dessus tout aller dans les salles du sous-sol admirer certaines icônes russes parmi les plus belles et les plus anciennes.

Les icônes sont des peintures religieuses réalisées sur des panneaux de bois selon une technique héritée de l'Empire byzantin (qui date de la fin du IVᵉ siècle et disparut en 1453, vaincu par l'Empire ottoman). Le panneau de bois est très longuement poli, puis il est recouvert d'un mélange à base d'œufs qui permettra de retenir la couche de peinture. Enfin, après plusieurs étapes, le panneau est prêt pour être peint. Les sujets des icônes sont généralement des portraits du Christ, de la Vierge, des apôtres ou bien encore de différents saints. Parfois des scènes tirées des Évangiles, ou plus rarement de l'Ancien Testament, sont représentées.

L'un des peintres russes d'icônes les plus célèbres est Andreï Roublev. On sait peu de choses de sa vie, si ce n'est qu'il vivait au XIVᵉ siècle et qu'il décora de nombreuses églises dont beaucoup ont été détruites. Certaines de ses œuvres sont cependant parvenues jusqu'à nous. La plus connue d'entre elles représente trois personnages autour d'une table ; il s'agit des trois personnes de la Trinité chrétienne : Dieu le Père, le Fils et le Saint-Esprit. Les traits fins des personnages et les couleurs douces, presque pastel, en font l'une des grandes œuvres de la peinture d'icônes.

Cette peinture répond à des règles précises : les personnages sont toujours représentés de face, et très souvent sur un fond doré ils regardent le spectateur droit dans les yeux. Les règles de la perspective ne sont pas respectées : rendre la réalité telle qu'on la voit n'est pas le but des icônes ; l'important est que l'image aide à croire en Dieu. Beaucoup de Russes, lorsqu'ils vont à l'église, s'inclinent devant les icônes et y déposent un baiser.

Le culte orthodoxe russe

L a plupart des icônes étaient et sont encore destinées à orner l'iconostase des églises russes.

L'iconostase est un immense pan de bois, séparant l'autel des fidèles, avec en son centre une porte qui s'ouvre à certains moments de la messe. Le prêtre, appelé *pope* dans l'Église russe, reste pendant une grande partie de la messe derrière l'iconostase. Les fidèles peuvent l'entendre, mais ne le voient pas. Les icônes représentent toujours les mêmes thèmes et sont disposées sur l'iconostase selon un ordre bien précis. Par exemple, on trouve toujours au centre une icône représentant le Christ en majesté, c'est-à-dire le Christ comme roi des cieux.

Les règles du culte orthodoxe ne sont donc pas les mêmes que celles de l'Église catholique. On appelle cette Église « orthodoxe » parce qu'elle

continue de respecter certaines règles du christianisme qu'elle considère comme étant celles des origines de cette religion. En 988, lorsque le prince de Kiev Vladimir Ier se convertit au christianisme, il choisit les rites de l'Église chrétienne orthodoxe de Byzance. À cette époque, il n'y avait pas de rupture officielle entre les orthodoxes et les catholiques. En 1054, cependant, l'Église de Rome et les chrétiens orthodoxes s'affrontèrent, notamment à propos de l'autorité du pape que les seconds ne voulaient pas reconnaître. Un « schisme » (une rupture profonde) se produisit alors. Depuis cette date, les deux Églises ont suivi des règles différentes et sont restées séparées, même si, avec les papes Paul VI et Jean-Paul II, elles se sont un peu rapprochées. De nos jours, environ 150 millions de chrétiens suivent le rite orthodoxe, essentiellement en Russie et en Grèce.

Une société de consommation récente

En quittant la place Rouge, Sacha aime bien remonter un peu la rue de Tver (*Tverskaïa oulitsa*), l'une des principales artères du centre-ville.

Ce qui fait son attrait, c'est qu'elle est l'une des grandes rues commerçantes de Moscou. Sacha est née dans la première moitié des années 1990 et elle a donc toujours connu Moscou avec des magasins pleins et des boutiques de marques occidentales. Pourtant, la ville n'a pas toujours eu cet aspect-là. La grand-mère de Sacha et même sa mère se souviennent d'un passé assez récent où les magasins n'avaient pas de vitrines attirantes et où l'on trouvait très peu de choses à acheter.

En effet, à partir de la révolution bolchevique de 1917, la Russie (puis l'URSS) eut une économie planifiée : toutes les entreprises appartenaient à l'État ; elles devaient suivre des plans de production fixés par ce dernier et la priorité était donnée aux industries lourdes (production d'acier, de machines). Les industries de biens de consommation, c'est-à-dire de produits consommés couramment par la population (vêtements, produits agro-alimentaires…), étaient en revanche laissées de côté.

C'est pourquoi, à certains moments au cours du régime communiste, il y eut des périodes de pénurie. Dans les années 1980, par exemple, il était très difficile de trouver des produits de consommation courante tels que des chaussures à la bonne pointure ou de la nourriture, et les Russes pouvaient passer des heures à faire la queue dans des magasins presque vides. Tout a changé avec la fin du régime communiste, en 1991. Le marché de consommation russe a alors été envahi de produits étrangers : il était facile de trouver de tout, mais à un prix beaucoup trop élevé pour la majorité des gens, qui ne touchaient qu'un tout petit salaire.

Aujourd'hui, les choses ont heureusement un peu évolué. Les salaires ont augmenté et la production russe de certains produits, notamment alimentaires, a repris. Toutefois, les différences entre riches et pauvres sont très importantes. Une toute petite minorité des Russes possède l'essentiel des richesses alors que 15 % de la population vit avec moins de trente euros par mois. Les parents de Sacha gagnent correctement leur vie, mais ne peuvent s'offrir ce qu'ils voient dans les vitrines des magasins chics de la rue Tverskaïa.

Les Russes qui ont fait fortune constituent une catégorie à part. Le reste de la population les surnomme les « nouveaux Russes ». Beaucoup d'entre eux se sont enrichis de façon peu honnête : ils ont profité de la faiblesse de l'État au moment où disparaissait le régime communiste pour acheter à bas prix des usines, des mines ou des terres. Ils se sont ainsi constitué des fortunes colossales, et plusieurs Russes font dorénavant partie des vingt-cinq personnes les plus riches du monde. Dans leur pays, ces « nouveaux Russes » sont enviés par tous mais également méprisés : ils sont souvent considérés comme des profiteurs qui ont dépouillé leurs concitoyens.

Chez Léon Tolstoï

Cette année, au printemps, Sacha et sa classe accomplissent une sorte de pèlerinage. Leur professeur de littérature du collège les emmène visiter la maison d'un des plus grands romanciers russes, Léon Tolstoï (1828-1910).

Tolstoï a eu « plusieurs » vies. Jeune officier dans un régiment, dans le Caucase, il aimait boire et jouer aux cartes. Il fut même contraint, à cause de ses dettes de jeu, de vendre en pièces détachées la belle maison en bois où il était né. Celle-ci fut entièrement démontée et reconstruite chez son nouveau propriétaire. Fatigué de ses excès, Léon Tolstoï décida d'avoir une vie plus rangée : il se maria, eut de nombreux enfants et décida de se consacrer à la fois à la littérature et au domaine de Iasnaïa Poliana, à 300 kilomètres au sud de Moscou, qu'il avait hérité de sa mère.

C'est dans ce domaine splendide qu'il écrivit ses principaux romans, *Guerre et Paix* et *Anna Karénine*. Ces deux œuvres le rendirent très célèbres et il est aujourd'hui considéré comme un romancier majeur de la littérature mondiale. Il a su illustrer dans ses romans toutes les grandes questions que se pose l'homme sur son rôle dans l'histoire, sa foi, ses relations amoureuses… Toutefois, Tolstoï restait insatisfait de sa vie.

Petit à petit, il se rendit compte que seule la religion pouvait donner un

sens à sa vie. Il se plongea donc dans la lecture des Évangiles, et tenta d'appliquer leurs enseignements dans sa vie de tous les jours. Ainsi, conformément à ce que dit Jésus, Tolstoï désira à la fin de sa vie se dépouiller de tous ses biens matériels et voulut les donner aux paysans pauvres. Sa femme ne comprit pas sa démarche et s'y opposa, de même que l'Église orthodoxe russe qui finit par l'excommunier (c'est-à-dire le chasser de la communauté des croyants). Néanmoins, certaines personnes comprirent son aspiration à la simplicité : à la fin de sa vie, beaucoup considéraient Tolstoï comme un sage et venaient lui rendre visite à Iasnaïa Poliana. Il mourut en 1910 et fut enterré dans sa propriété, car l'Église ne voulut pas qu'il le fut dans un cimetière orthodoxe.

Sacha et tous les enfants de sa classe connaissent bien la vie et l'œuvre de Tolstoï, et c'est avec émotion qu'ils vont poser des fleurs sur sa tombe. Comme l'a voulu l'écrivain, elle n'est qu'un simple tertre de terre recouvert de gazon au milieu d'une forêt de bouleaux.

Andreï vit à la campagne

Andreï a onze ans et habite avec ses parents un hameau en face de la petite ville de Mychkino, sur les bords de la Volga.

Son village ne compte en hiver que cinq habitants : ses parents, deux vieilles femmes qui vivent seules dans leur maison, et lui. Pour aller à l'école, il est obligé de marcher un kilomètre jusqu'à la grande route et de prendre le car qui le conduit de l'autre côté de la Volga, dans la petite ville de Mychkino. Celle-ci est connue pour ses maisons qui datent du XIXe siècle et pour son musée qui rassemble des objets de la vie quotidienne de cette époque. Elle attire chaque année en été de nombreux touristes russes qui font des croisières sur la Volga ; l'hiver, en revanche, la ville est beaucoup plus vide et triste.

 ## La nature russe

Andreï n'a jamais vécu ailleurs que dans son village.
Chaque jour, dès qu'il se réveille, il jette un coup d'œil sur le fleuve qui passe juste en contrebas de son jardin. La Volga est l'un des plus longs fleuves russes : elle coule sur 3 700 kilomètres pour se jeter au sud de la Russie dans la mer Caspienne, l'une des rares mers intérieures du globe. Son débit n'est pas régulier et il y a de grandes différences entre les saisons. Au printemps, quand a lieu la fonte des neiges, le niveau du fleuve augmente extrêmement vite ; en revanche, en été, il fait si chaud

qu'une grande quantité d'eau s'évapore et le niveau du fleuve baisse.

Le climat de la Russie est un climat continental. Il y fait très chaud en été (plus de 35 °C au mois de juillet) et très froid en hiver (jusqu'à – 40 °C). Durant l'hiver, la pluie se transforme en neige et la terre reste souvent cachée près de six mois sous une épaisse couche blanche.

Andreï aime l'hiver car il peut faire des batailles de boules de neige avec ses amis de l'école, et surtout traverser la Volga à pied. Celle-ci est si bien gelée durant les mois d'hiver que même les plus gros camions peuvent la traverser. Ils évitent ainsi de faire de longs détours jusqu'à un pont. Toutefois, le fleuve peut jouer des tours : à la fin de la saison, des conducteurs téméraires qui s'aventurent sur une glace trop fine perdent parfois leur voiture ou tombent dans une eau glacée.

Des forêts de sapins s'étendent à perte de vue sur les deux rives de la Volga. Les hommes ont abattu des arbres pour cultiver la terre, mais le paysage demeure toujours très boisé. La forêt fascine Andreï tout en lui faisant aussi un peu peur à cause de son immensité. À la fin du printemps et en été on y trouve plein de bonnes choses à manger : des champignons en abondance ainsi que des baies (fraises des bois, myrtilles et *brousnika*, sorte d'airelles rouges que l'on ne trouve pas en France). À cette époque de l'année, la mère d'Andreï passe tout son temps à préparer des conserves, que toute la famille consommera avec plaisir l'hiver, lorsqu'il n'y a plus aucun légume ou fruit frais à manger. Mis à part ces conserves et ces confitures, la base de la nourriture est la pomme de terre, et Andreï en a bien souvent assez de ne manger que cela !

La nature russe, si elle offre à l'homme de nombreuses richesses (on trouve en Russie beaucoup de mines d'or et de diamants ainsi que du pétrole et du gaz naturel en quantité), est aussi hostile et dangereuse. On peut par exemple facilement se perdre dans la taïga sibérienne, et sur des centaines de kilomètres on n'y trouve âme qui vive. Même près des villages, on court le risque de tomber sur des animaux sauvages, comme l'ours que l'on peut rencontrer en cueillant des champignons !

★ L'isba d'Andreï

Andreï rêve parfois d'habiter un appartement moderne. Sa maison est entièrement faite en bois selon des techniques utilisées depuis des siècles en Russie.

Elle est de forme rectangulaire et ses murs sont constitués de gros rondins (des troncs d'arbres entiers auxquels on a juste enlevé l'écorce). On appelle ce type de maison des *isbas*. Dans la plupart de ces maisons en bois, il n'y a qu'une seule grande pièce où vit toute la famille. L'été on occupe aussi la véranda et même le grenier, mais ils ne sont pas chauffés et sont donc inutilisables en hiver. En revanche, la pièce principale a en son centre un poêle russe qui diffuse tout l'hiver une douce chaleur. C'est le père d'Andreï qui a construit ce poêle et il compte bien transmettre à son fils son savoir-faire. Par un système complexe, la chaleur se diffuse dans l'ensemble du poêle, et le feu, si l'on y fait un peu attention, ne s'éteint jamais : au petit matin, il

reste des braises qu'il suffit d'alimenter avec du bois de sapin ou de bouleau (l'un des arbres les plus répandus dans la partie européenne de la Russie). En plus, un lit a été aménagé sur le dessus du poêle et Andreï a le privilège d'y dormir.

Andreï partage l'isba avec ses parents, mais sa grand-mère vient y passer les mois les plus froids. Elle habite en principe de l'autre côté du fleuve, dans une maison identique à celle d'Andreï. Comme elle n'a pas l'eau courante, elle doit aller chercher de l'eau au puits tous les jours. Cela devient trop pénible pour elle quand il se met à faire froid : le chemin est glissant et la corde du puit est gelée. Elle vient donc s'installer pour quelques mois chez sa fille et profite de la compagnie d'Andreï.

★ L'abolition du servage

Aussi loin qu'on puisse remonter dans le temps, la famille d'Andreï a toujours été paysanne. D'ailleurs, jusqu'à la première moitié du XXe siècle, la Russie fut un pays à très grande majorité rurale.

Avant 1861, une grande partie des paysans russes n'étaient pas libres, et appartenaient à un seigneur propriétaire des terres. Ces paysans, qu'on appelait des « serfs », ne pouvaient quitter la terre qu'ils travaillaient que s'ils avaient l'autorisation du seigneur. Ils étaient également obligés de demander son accord pour se marier, pour partir travailler à la ville, hériter, etc. Par ailleurs, le seigneur avait le droit de les vendre, de séparer les enfants de leur mère, et il était fréquent qu'il les fasse fouetter pour les punir.

À l'origine, ce système du servage avait pour but d'obliger les
paysans à rester sur les terres des seigneurs alors que la main-d'œuvre
était rare. Au cours des XVIIᵉ et XVIIIᵉ siècles, les paysans résistèrent en se
révoltant régulièrement, mais leurs révoltes furent toujours réprimées
avec violence par les tsars ou les tsarines (parfois, c'était une femme qui
régnait sur la Russie).

Au cours du XIXᵉ siècle, des voix de plus en plus nombreuses s'élevèrent
pour réclamer la libération des paysans et la fin du servage. En 1861, le
tsar Alexandre II promulgua un *oukase* (une décision ayant force de loi)
abolissant officiellement le servage. Il y gagna le surnom de « libérateur »,
mais cette abolition fut loin de régler tous les problèmes de la paysannerie
russe. Une fois libres, comme les paysans n'avaient pas de terre à eux,
ils devaient en acheter, et s'endetter alors auprès de l'État ou les
propriétaires terriens. Très souvent, les paysans endettés sombraient dans
la misère et devaient pour survivre travailler comme ouvriers agricoles
chez leurs anciens maîtres. Seule une infime minorité de paysans, qu'on
appelait les koulaks, s'enrichirent et tirèrent parti de leur nouveau statut
d'hommes libres. La majorité, au contraire, souffrait d'une « faim de
terres » et réclamait une redistribution plus juste de la terre.

La collectivisation et les kolkhozes

À côté du petit village d'Andreï, on trouve les bâtiments à l'abandon d'un kolkhoze.

Jusqu'au début des années 1990, les parents d'Andreï y travaillaient, mais maintenant il a fermé ses portes et la famille d'Andreï se contente de cultiver ce qu'il lui faut pour se nourrir et de vendre l'excédent pour les autres besoins.

Lorsque Lénine et les bolcheviks arrivèrent au pouvoir en novembre 1917, ils confisquèrent aux koulaks et aux propriétaires terriens toutes les terres agricoles et les transformèrent en propriété de l'État. Puis, au lieu de les redistribuer gratuitement à ceux qui n'en avaient pas (ce que les paysans réclamaient), ils rassemblèrent les terres confisquées dans des coopératives agricoles appelées *kolkhozes* et embauchèrent les paysans pour les cultiver. Ces derniers ne possédaient donc pas la terre, mais étaient considérés comme des employés au service de l'État. Ils travaillaient la terre et leurs récoltes étaient vendues par l'État.

Cette appropriation des terres agricoles par l'État au début des années 1930 fut très mal vécue par les paysans. Au moment de cette « collectivisation des terres », de nombreux paysans décidèrent de détruire leurs récoltes ou de tuer leur bétail afin que l'État ne puisse pas s'en emparer. La collectivisation entraîna donc, à ses débuts, une grande famine qui fit près de 5 millions de victimes, essentiellement dans les régions de l'Ukraine et du Kazakhstan.

La paysannerie russe sortit très affaiblie de cette épreuve et les paysans se soumirent finalement à la nouvelle organisation de leur travail. Les parents d'Andreï, eux, n'ont connu que le système des kolkhozes. Lorsque le régime communiste s'effondra en 1991, de très nombreux kolkhozes fermèrent leurs portes et les parents d'Andreï se retrouvèrent au chômage. Ils reçurent des terres, mais n'avaient pas les moyens ni les machines pour les cultiver. Comme ces terrains bordaient la Volga, ils décidèrent de les vendre à des Moscovites, des habitants de Moscou, qui y construisirent des résidences de vacances, des *datchas*. Du même coup, le père d'Andreï eut du travail puisqu'il participa à leur construction.

Aujourd'hui, d'autres datchas continuent à se bâtir le long de la Volga, mais des lois ont été votées pour limiter ces constructions et protéger le paysage. Le père d'Andreï ne travaille beaucoup qu'en été ; l'hiver, il est chargé par certains Moscovites de surveiller leurs datchas et de les chauffer lorsque les propriétaires viennent pour les vacances. Quand c'est le cas, c'est la fête : toute la famille d'Andreï est invitée à dîner, et elle sort ainsi un peu de sa solitude hivernale.

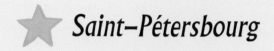
Andreï rêve d'habiter un jour en ville, mais il préférerait aller à Saint-Pétersbourg plutôt qu'à Moscou.

Sa professeure d'histoire au collège a raconté à la classe l'histoire de la création de cette ville et leur a montré des photos qui lui ont beaucoup plu.

Depuis le XIVe siècle, Moscou était la capitale de la Russie. Toutefois, en 1703, le tsar Pierre Ier décida de fonder une nouvelle capitale au nord du pays, sur les bords de la mer Baltique, à l'embouchure de la Neva. Pierre Ier venait de battre les Suédois et contrôlait enfin une partie des rives de la Baltique ; il souhaitait construire une ville fortifiée qui pourrait barrer la route aux Suédois si ces derniers décidaient d'attaquer les nouveaux territoires conquis. Par ailleurs, il désirait faire de la Russie une puissance maritime : il lui fallait donc créer un port avec des chantiers navals et un débouché sur la mer. Enfin, le tsar voulait construire une ville sur le modèle des villes d'Europe qui existaient alors. À ses yeux, Moscou était trop « orientale », et il souhaitait donner son nom à une ville qui serait une « fenêtre sur l'Occident ».

La construction de la ville posa de nombreuses difficultés car le site choisi était marécageux, hostile à l'homme et sans carrière de pierres à proximité. Pierre Ier passa outre et décida de faire venir la main-d'œuvre et les pierres nécessaires de toute la Russie. Les ouvriers travaillaient souvent avec de l'eau jusqu'à la taille et eurent beaucoup de mal à planter les pilotis en

bois sur lesquels devaient reposer les futurs bâtiments. Un grand nombre d'entre eux moururent d'épuisement et de maladies. Cependant, on ne discute pas la volonté du tsar, et, en 1712, la nouvelle ville, baptisée Saint-Pétersbourg (c'est-à-dire « la ville de saint Pierre ») en l'honneur de Pierre Ier, devint la nouvelle capitale de l'Empire russe.

La ville était loin d'être finie à la mort de Pierre Ier, en 1725, mais ses successeurs continuèrent à l'embellir et à faire venir des architectes étrangers pour construire de nouveaux palais ou de nouvelles églises. Le résultat est très réussi : la ville possède une grande unité car elle a été conçue selon des plans très stricts. De nombreux canaux la traversent et servent à drainer le sol imbibé d'eau. Par ailleurs, les rues ont été tracées selon un plan en damier, et une grande avenue, la perspective Nevski, mène de la principale gare à la Neva et constitue le grand axe de la ville. Au XIXe siècle, les aristocrates avaient pris l'habitude de s'y promener en calèche ou à pied pour s'y montrer. C'est cette perspective Nevski qui donne tant envie à Andreï d'aller visiter un jour Saint-Pétersbourg.

En 1918, les bolcheviks transférèrent la capitale à Moscou, et Saint-Pétersbourg, qui s'appelait alors Petrograd, devint la deuxième ville du pays. Comme elle avait été la ville des tsars et que les nouveaux dirigeants voulaient rompre avec le passé, ils ne s'en préoccupèrent pas et firent construire peu de nouveaux bâtiments. À la mort de Lénine, en 1924, Petrograd fut rebaptisé Leningrad, « la ville de Lénine », et ne retrouva le nom de Saint-Pétersbourg qu'en 1991.

Aujourd'hui, lorsqu'on se promène dans les rues de Saint-Pétersbourg, rien ne semble avoir changé depuis le XIXᵉ siècle. Mis à part les voitures, les vitrines des magasins et les publicités, on pourrait se croire cent cinquante ans en arrière ! Pendant longtemps, les bâtiments ont été laissés à l'abandon ; ils se sont dégradés lentement et beaucoup de cours d'immeubles sont envahies par les poubelles qui débordent et les chats errants. Néanmoins, la mairie a fêté avec faste les trois cents ans de la création de Saint-Pétersbourg en 2003 et a fait restaurer de très nombreux palais. Andreï a suivi toutes les cérémonies officielles de cet anniversaire à la télévision.

La magie des nuits blanches

Saint-Pétersbourg est aussi connue pour un phénomène naturel étonnant qui attire de nombreux touristes chaque année : les « nuits blanches ».

À la fin du mois de juin, le jour dure vingt-quatre heures et il ne fait jamais nuit. Cela s'explique par le fait que la ville est située très au nord et que l'inclinaison de la Terre permet au Soleil d'y envoyer au printemps ses rayons toute la journée. Ce n'est pas le plein soleil en pleine nuit, mais, à deux ou trois heures du matin, la ville est plongée dans une lumière laiteuse, très blanche, qui rend l'atmosphère magique et irréelle.

Durant ces nuits blanches, qui ne durent qu'une quinzaine de jours par an, les habitants de Saint-Pétersbourg en profitent pour se promener à toute heure de la nuit. On trouve du monde dans les rues à trois ou quatre heures du matin ! Il est vrai qu'en hiver les Pétersbourgeois ne sont, à l'inverse, pas chanceux : ils ne voient pas beaucoup le soleil, puisqu'il ne brille alors que quelques heures par jour.

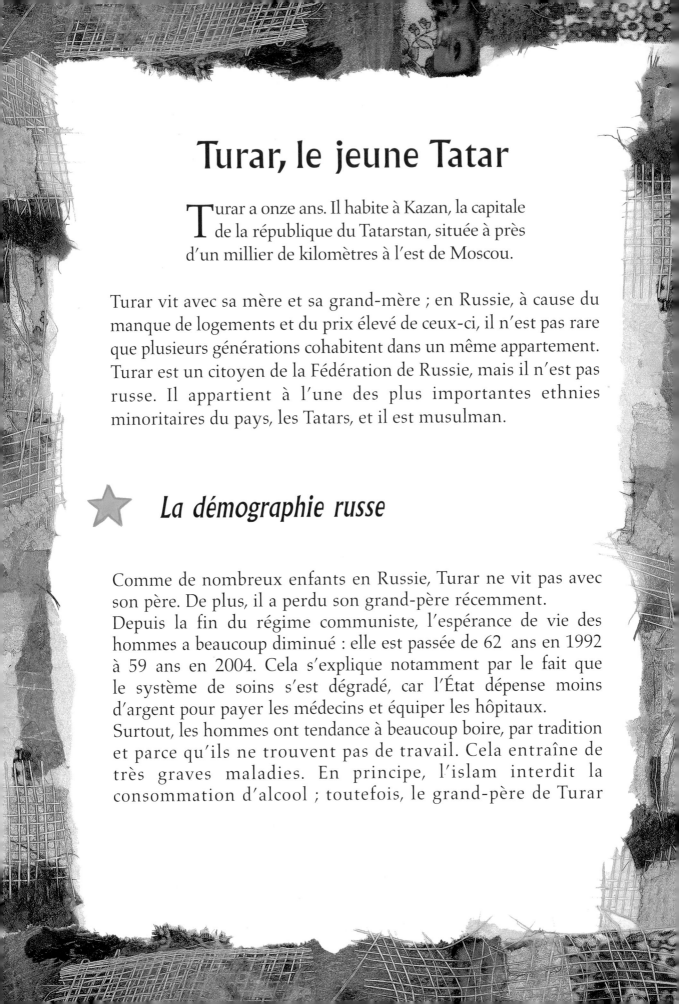

Turar, le jeune Tatar

Turar a onze ans. Il habite à Kazan, la capitale de la république du Tatarstan, située à près d'un millier de kilomètres à l'est de Moscou.

Turar vit avec sa mère et sa grand-mère ; en Russie, à cause du manque de logements et du prix élevé de ceux-ci, il n'est pas rare que plusieurs générations cohabitent dans un même appartement. Turar est un citoyen de la Fédération de Russie, mais il n'est pas russe. Il appartient à l'une des plus importantes ethnies minoritaires du pays, les Tatars, et il est musulman.

La démographie russe

Comme de nombreux enfants en Russie, Turar ne vit pas avec son père. De plus, il a perdu son grand-père récemment.

Depuis la fin du régime communiste, l'espérance de vie des hommes a beaucoup diminué : elle est passée de 62 ans en 1992 à 59 ans en 2004. Cela s'explique notamment par le fait que le système de soins s'est dégradé, car l'État dépense moins d'argent pour payer les médecins et équiper les hôpitaux.

Surtout, les hommes ont tendance à beaucoup boire, par tradition et parce qu'ils ne trouvent pas de travail. Cela entraîne de très graves maladies. En principe, l'islam interdit la consommation d'alcool ; toutefois, le grand-père de Turar

n'était pas pratiquant et aimait un peu trop la vodka, la boisson nationale russe faite à base d'alcool de pomme de terre. Il est mort plutôt jeune, à 55 ans.

Les femmes vivent plus longtemps (jusqu'à 72 ans en moyenne en 2004), mais elles font peu d'enfants. Les conditions économiques difficiles expliquent en grande partie le petit nombre des naissances. Il est si faible par rapport aux décès que la population russe diminue chaque année.

Quant au père de Turar, il n'a jamais vécu avec son fils : les divorces sont nombreux en Russie et les familles composées d'une mère et d'un enfant sont très fréquentes.

 *Le joug mongol*

La ville de Kazan, où vit Turar, est la capitale de la république du Tatarstan, qui fait partie de la Fédération de Russie.

En 2005, Kazan a célébré son millénaire. À cette occasion, des études et des fouilles approfondies ont été menées pour déterminer les origines du peuple tatar. On a longtemps considéré les Tatars comme les descendants des envahisseurs mongols. En réalité, bien qu'ils tiennent leur nom d'une tribu mongole, ils seraient issus des « Bulgares de la Volga » qui se sont mariés, au cours des siècles, avec des Mongols.

Les Mongols étaient des peuples nomades venus des grandes plaines de Mongolie, au centre de l'Asie. Sous les ordres de Gengis Khan, un chef de tribu qui devint maître de toute la Mongolie, ces très bons cavaliers et redoutables combattants conquirent à partir du XIIIᵉ siècle de vastes étendues de terres dans toute l'Asie : partis de Mongolie, ils arrivèrent en Chine du Nord puis se lancèrent vers l'ouest ; ils occupèrent l'Asie centrale et remontèrent vers le nord, vers la Russie et s'installèrent autour de la ville de Kazan, dans la région de la moyenne Volga. Là, ils s'assimilèrent progressivement à la population locale en prenant pour femmes des Tatares (Bulgares).

En 1240, Kiev, qui était à l'époque la capitale de la Russie et qui est aujourd'hui situé en Ukraine, fut assiégé, prise et pillée par les combattants mongols. Ces derniers avaient une réputation terrible : ils dépouillaient les villes et les villages de toutes leurs richesses, détruisaient et brûlaient ce qu'ils ne pouvaient pas emporter avec eux et étaient connus pour être particulièrement violents. Pendant plusieurs dizaines d'années, les Mongols semèrent la terreur dans les campagnes et dans les villes russes. Toute la Russie était soumise à ce « joug mongol », c'est-à-dire à cette domination sans partage, sauf la ville de Novgorod, au nord de la Russie, qui parvint à résister.

Pour ne pas être attaquées ni pillées en permanence, les villes comme les campagnes payaient un lourd tribut (un impôt) aux combattants mongols. Les princes russes furent obligés de leur promettre solennellement leur soumission et de leur faire de riches cadeaux. En échange, les Mongols permirent aux Russes de pratiquer librement leur religion chrétienne (la religion orthodoxe) et ne se mêlèrent pas directement de leurs affaires politiques.

Cette relative autonomie des Russes leur permit d'organiser progressivement leur résistance. Les Mongols, installés au sud de la Russie, étaient des maîtres lointains ; quant aux princes russes, ils partageaient entre eux les mêmes valeurs et surtout la même religion. Ils s'unirent donc autour du prince de Moscou, le plus puissant des seigneurs russes, pour combattre les Mongols et les chasser du territoire russe. En 1380 eut lieu une célèbre bataille, la bataille du champ des Cailles (*Koulikovo pole*), au cours de laquelle le prince moscovite Dmitri Donskoï remporta la victoire face aux Mongols.

La reconquête de la Russie par les Russes fut encore longue. Elle permit aux princes de Moscou d'imposer peu à peu leur pouvoir aux autres princes. En 1485, Ivan III fut le premier prince moscovite à se considérer comme le tsar de toute la Russie. Toutefois, c'est Ivan IV, dit Ivan le Terrible, qui mit définitivement fin à la présence mongole en conquérant les villes de Kazan (en 1552), puis d'Astrakhan (en 1556) où s'étaient réfugiés les Mongols. À partir de ce moment, les Russes furent maîtres de la Russie de l'Ouest et purent dorénavant se lancer à leur tour dans de grandes conquêtes, comme celle des vastes étendues de terre à l'est de leur territoire : la Sibérie.

 *La Sibérie*

Turar est allé cet hiver rendre visite à une amie de sa grand-mère, Natacha, qui habite en Sibérie, sur les bords du lac Baïkal.

Le Baïkal est le plus grand lac d'eau douce du monde, long de 600 kilomètres et large par endroits de 100 kilomètres. En hiver, il est entièrement gelé sur une profondeur de plusieurs mètres. Le spectacle est d'une beauté hors du commun car la glace a une couleur bleue due à la très grande pureté de l'eau. Lorsque le printemps arrive et que la glace commence petit à petit à fondre, on entend de sourds craquements, comme si la glace se disloquait alors qu'elle est encore épaisse de plusieurs mètres.

Le fils de Natacha, comme les gens de la région, a l'habitude de venir pêcher, même en plein hiver. Il s'habille chaudement d'une *foufaïka,* une grosse veste molletonnée, et chausse des *valenki,* des bottes en feutre sur lesquelles on doit mettre des caoutchoucs pour éviter de les mouiller. Puis il emporte avec lui une large vrille qui sert à faire un trou dans la glace ; assis sur une chaise pliante, s'il n'y a pas trop de vent, il peut passer des heures à attendre que le poisson morde. Turar est allé observer ces pêcheurs avec sa grand-mère : ce sont souvent des personnes âgées qui ne touchent qu'une toute petite retraite et ont besoin de cette activité pour améliorer leur vie quotidienne.

D'autres Russes sont plus téméraires encore : ils plongent en maillot de bain dans l'eau glacée et soutiennent que cet exercice est très bon pour la circulation sanguine. On appelle ces courageux des « morses ».

Le Transsibérien

Turar habite près de la gare de Kazan, et il passe devant celle-ci tous les jours pour aller à l'école.

Une de ses occupations favorites, avec ses amis lorsqu'ils sortent de l'école, est de jeter un œil au Transsibérien. Ce train s'arrête plusieurs fois par semaine à Kazan, et provoque une très grande animation dans la gare.

La ligne du Transsibérien part de Moscou et rejoint la ville de Vladivostok, située sur la côte de l'océan Pacifique, à 9 500 kilomètres de la capitale. Sa construction fut décidée en 1891 par le tsar Alexandre III pour aider au développement économique du sud de la Sibérie. Les travaux sur la ligne durèrent plus de vingt ans et posèrent des difficultés énormes. Dans certaines régions, le bois manquait, et il fallut le faire venir de régions boisées très lointaines. Les ouvriers employés sur le chantier travaillaient dans des conditions très pénibles : le climat, très froid en hiver et très chaud en été, était dur à supporter ; les bêtes sauvages, tels les tigres de Sibérie, étaient nombreuses et attaquaient les hommes ; le travail de construction se faisait avec peu de machines et d'outils. Les ouvriers devaient porter sur leur dos les lourdes traverses des voies ferrées, creuser la roche avec de simples pioches pour construire les nombreux tunnels par lesquels passe le Transsibérien. Malgré toutes ces difficultés, la ligne fut achevée en 1916 : on pouvait désormais traverser toute la Russie en train.

Aujourd'hui encore le Transsibérien fonctionne. Turar l'a déjà pris avec son oncle lors de ses dernières vacances pour aller à Pékin. La ligne a en effet été prolongée pour rejoindre la capitale chinoise.

Son oncle connaît très bien le trajet car il gagne sa vie en faisant du commerce avec la Chine. Il va régulièrement à Pékin pour y acheter des vêtements bon marché qu'il revend ensuite sur le marché central de Kazan en faisant un petit bénéfice. Le voyage de Tura et de son oncle a duré huit jours. Ils ont acheté les billets les moins chers, qui ne donnent pas droit à un vrai compartiment mais quand même à une couchette. Les wagons de troisième classe ne sont en effet pas divisés en compartiments privés : tout le wagon est ouvert et les voyageurs peuvent le traverser librement. Ce n'est guère confortable et Turar a trouvé le voyage épuisant !

Les voyageurs qui ont de l'argent, et notamment les touristes étrangers, voyagent en deuxième ou première classe. Ils ont alors droit en deuxième à des compartiments pour quatre personnes, et en première à de vrais lits, de jolis rideaux et une petite table pour deux personnes. Dans chaque wagon cependant, qu'il soit de troisième ou de première classe, on trouve au bout du couloir un grand réservoir d'eau bouillante où tout le monde peut venir se servir. Nuit et jour, les voyageurs viennent s'y préparer du thé chaud.

Quant à la nourriture, Turar et son oncle ont été très prudents et se sont gardés d'aller au wagon-restaurant, qui propose des menus un peu chers pour eux. Ils ont préféré prendre les plats que leur avait préparés la grand-mère de Turar. Cependant, il est tout à fait possible d'acheter à manger pendant le voyage. À chaque arrêt du train dans une gare, une foule de personnes propose aux voyageurs des boissons, de la nourriture ou bien encore des vêtements, des livres, des cadeaux, etc. C'est une vraie cohue sur le quai, même en hiver, alors qu'il fait souvent – 15 °C ou – 20 °C.

 ## *Être musulman en Russie*

Turar et sa famille sont musulmans. Comme beaucoup de gens en Russie, ils ne sont pas pratiquants, mais Turar a des camarades tatars comme lui qui vont à la mosquée les jours de fêtes religieuses.

La Constitution russe garantit la liberté de conscience et la liberté de culte. La Russie est ainsi un État où vivent de nombreuses personnes appartenant à des peuples et à des religions différentes. Lorsqu'elles ne font pas partie du « groupe » des Russes orthodoxes, on parle à leur propos de « minorités ethniques ». Il existe ainsi une importante minorité musulmane d'environ 13 millions de personnes (soit 9 % de la population). Les musulmans de Russie habitent pour beaucoup d'entre eux dans le sud du pays, près de la chaîne de montagnes du Caucase.

À Kazan, être musulman ne pose aucun problème puisque c'est le cas de la majorité de la population. En revanche, dans les grandes villes comme Moscou ou Saint-Pétersbourg, de même que dans la partie européenne de la Russie, les relations entre les Russes et les représentants des autres ethnies sont parfois tendues. Ainsi, les gens du Caucase sont traditionnellement très nombreux dans le commerce des fruits et légumes, et certains Russes les rendent responsables des prix élevés de ces produits. Par ailleurs, la guerre en Tchétchénie (une région du Caucase appartenant à la Fédération de Russie et où la population est à majorité musulmane) entre les soldats russes et les indépendantistes tchétchènes a rendu une partie de la population russe hostile et méfiante à l'égard des musulmans dans leur ensemble.

La répression communiste

Une partie de la famille de Turar est origi-
naire d'une autre région qui appartient
aujourd'hui à l'Ukraine, la Crimée.

En effet, de nombreux Tatars s'y installèrent. Mais leur destin fut tragique,
comme le père de Turar le lui a raconté. Staline, le successeur de Lénine à
la tête de l'URSS, mena en effet une politique de répression très dure à
l'égard de son peuple et en particulier de toutes les minorités ethniques.
Pendant la Seconde Guerre mondiale, il soupçonna les Tatars de Crimée de
collaborer avec les Allemands. Il décida donc de les punir collectivement en
les déportant à l'autre bout du pays, au Kazakhstan, au printemps 1944. Les
conditions dans lesquelles les Tatars durent voyager furent très dures. Une
fois au Kazakhstan, ils furent installés dans des villages spéciaux ou dans
des coopératives agricoles, les kolkhozes. Turar connaît bien cette histoire
car elle est transmise de génération en génération dans sa famille.

Il est rare de trouver en Russie aujourd'hui une famille qui n'a pas souffert des politiques menées par Staline. Non seulement les minorités ethniques furent durement traitées par ce dictateur, mais il envoya également dans des camps de travail forcé de très nombreux Russes pour le motif qu'ils s'opposaient, ou qu'il les soupçonnait de s'opposer, à sa politique et à sa personne.

L'ensemble de ces camps de travail est connu sous le nom de *Goulag.* Du début des années 1930 à la mort de Staline en 1953, entre 15 et 20 millions de personnes passèrent par les camps du *Goulag.* Les conditions de vie et de travail y étaient très dures. De nombreux détenus y restèrent de longues années, ils étaient employés à des travaux souvent très pénibles de construction de canaux, de voies ferrées, de routes et même de villes entières. D'autres travaillaient dans des mines souvent situées dans les régions hostiles du nord de la Russie. Beaucoup moururent d'épuisement et de maladies, certains eurent plus de chance et furent libérés à la mort de Staline, en 1953. À partir de 1956, les arrestations pour des raisons politiques furent de moins en moins nombreuses.

La Russie et les sciences

La mère de Turar est allée, comme de nombreux Russes, à l'université. La Russie est d'ailleurs l'un des pays au monde où la population est la plus éduquée.

Après des études de mathématiques, elle est devenue professeure à l'université de Kazan, mais elle gagne très peu d'argent. Son salaire est de 6 000 roubles par mois, environ 180 euros. Pour pouvoir vivre avec son fils et sa mère, qui ne reçoit qu'une toute petite retraite, elle est obligée d'avoir plusieurs emplois. Elle donne ainsi des cours particuliers qu'elle fait payer cher à des étudiants qui en ont les moyens.

Turar aime lui aussi les sciences et c'est le meilleur élève de sa classe dans toutes les matières scientifiques. Plus tard, il veut devenir ingénieur, et ce qu'ont déjà accompli les Russes dans le domaine des sciences le rend fier de son pays. La Russie a en effet une grande tradition de recherches scientifiques en mathématiques, en chimie, dans le domaine de l'énergie nucléaire (la Russie possède la bombe atomique) et surtout en aéronautique.

La conquête de l'espace fut ainsi en grande partie le fait des Russes dans les années 1950 et 1960. En 1957, le premier satellite artificiel mondial, appelé *Spoutnik* (« compagnon » en russe), fut lancé par l'URSS. Quelques années plus tard, ils parvinrent à faire voler hors de l'atmosphère le premier être vivant, une chienne nommée Laïka. Enfin, en 1961, le premier homme envoyé dans l'espace fut le Russe Youri Gagarine. À son retour sur terre, il fut accueilli en héros. Après sa mort dans un accident d'avion, quelques années plus tard, une gigantesque statue en titane lui fut dédiée sur l'une des places de Moscou. Aujourd'hui encore, les Russes sont à la pointe dans le domaine de l'aérospatiale. Ils envoient régulièrement des hommes, des fusées et des satellites dans l'espace et possèdent non loin de Moscou une base d'entraînement très renommée, la Cité des étoiles, où viennent se préparer des astronautes du monde entier, notamment des Français.

Crédits photographiques :

Couv. : © Dean Conger/Corbis
p. 5 © akg-images
p. 7 © Peter Turnley/Corbis
p. 11 © Maxim Marmur/AFP
p. 14 © akg-images
p. 16 © akg-images
p. 19 © Shepard Sherbell/Corbis
p. 21 © akg-images
p. 22-23 © Royalty-free/Getty
p. 29 © akg-images
p. 33 © Jochem D Wijnands /Getty
p. 40 © akg-images
p. 43 © Robert Harding World Imagery/Corbisp.
p. 47 © Sergeï Karpukhin/Reuters

Achevé d'imprimer en août 2006 en France
Produit complet POLLINA - L40828C

Dépôt légal : octobre 2006
ISBN : 2-7324-3461-2

Conforme à la loi n° 49-956 du 16 juillet 1949
sur les publications destinées à la jeunesse

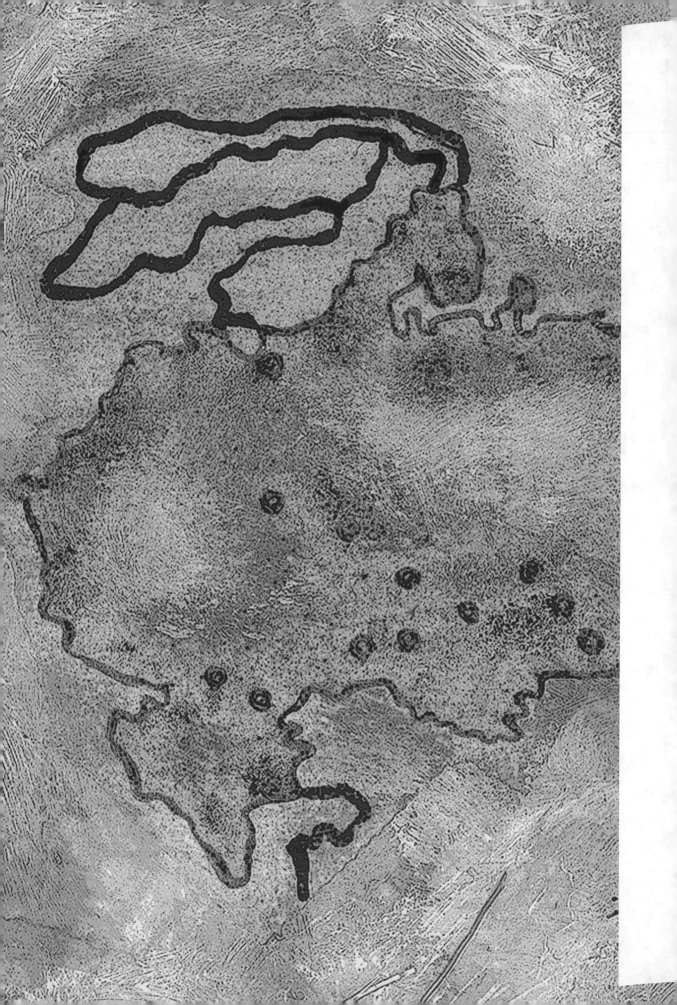